Salz

AF272156

Gesundheit ist wie Salz.

Man bemerkt sie erst, sobald sie fehlen.

Italienisches Sprichwort

SALZ

von Melanie Koßmann
und Yürgen Oster

Capt. Swings
Geheime Bibliothek

Bibliografische Information der Deutschen Nationalbibliothek Die Deutsche Nationalbibliothek verzeichnet diese Publikation in der Deutschen Nationalbibliografie; detaillierte bibliografische Daten sind im Internet über www.dnb.de abrufbar.

© 2023 by Melanie Koßmann, Yürgen Oster
Herstellung und Verlag:
BoD – Books on Demand, Norderstedt
ISBN 9 783757 810658

Umschlag und Illustrationen Moonroot

Inhalt

SALZ

Die Bezeichnung des Gewürzes geht über mhd. salz, ahd. salz auf germ. *salta— „Salz" zurück, einer Ableitung zu germ. *salt—a— „salzen";

Grundlage ist idg. *səl— „Salz", auf dem auch lat. sal und griech. háls „Salz" beruhen; das indogermanische Substantiv ist ursprünglich die Ableitung eines Adjektivs mit der Bedeutung „grau, schmutzig"; die Benennung gründet darauf, dass Salz in früherer Zeit ungereinigt in den Handel kam und eine graue Farbe aufwies.

Salz in unserem Körper

Schnell greifen wir zum Salzstreuer, um unserem Essen Geschmack zu geben. Gleichzeitig wird immer wieder davor gewarnt, dass zu salziges Essen nicht gesund sei. Tatsächlich kann ein zu hoher Salzkonsum Nieren und Herz schädigen und im schlimmsten Fall sogar zum Tod führen.

Es ist uns in die Wiege gelegt, dass wir Salz als schmackhaft empfinden. Natriumchlorid, besser bekannt als Kochsalz, ist ein wichtiger Mineralstoff für unseren Körper. Es regelt den Wasserhaushalt und die Gewebespannung und ist die Grundlage für die Erregbarkeit von Nerven und Muskeln. Salz spielt als Mineralstoff eine wichtige Rolle beim Knochenbau und bei der Verdauung. Kurz gesagt: Salz ist elementar wichtig für unseren Körper. Da wir es nicht selbst bilden können, müssen wir es mit der Nahrung aufnehmen. Wir benötigen pro Tag etwa 1,4 Gramm Kochsalz, um den Verlust auszugleichen, der z.B. durch das Ausscheiden von Urin entsteht. Ernährungswissenschaftler empfehlen, nicht mehr als 5 bis 6 Gramm Salz am Tag zu sich zunehmen. Da aber heutzutage in den meisten Lebensmitteln wie Brot, Käse, Wurstwaren und insbesondere in Fertiggerichten viel Salz enthalten ist, wird diese Menge von den meisten Deutschen überschritten.

Den Salzgehalt im menschlichen Körper regeln Hormone. Wenn wir zu viel Salz aufnehmen, wird dieses vor allem durch die Nieren ausgeschieden, womit ein nicht unbedeutender Wasserverlust einhergeht. Deshalb kann ein zu hoher Salzkonsum auf Dauer zu einer Belastung der Nieren führen.

Außerdem wurde ein Zusammenhang zwischen Salzgehalt und Blutdruck festgestellt. Je mehr Salz im Körper ist, desto höher muss die zur Verfügung stehende Flüssigkeitsmenge sein. Wird zu wenig getrunken, kann der Wassermangel zu Gefäßverengungen führen, was wiederum den Blutdruck steigen lässt. In verschiedenen Experimenten konnten Blutdruckpatienten durch eine salzarme Ernährung ihren Blutdruck senken. Oft sind allerdings neben einem hohen Salzkonsum weitere Faktoren wie Alkohol- und Nikotinkonsum, die sonstige Ernährung oder das Bewegungsverhalten ausschlaggebend für einen erhöhten Blutdruck.

Übertreibt man es mit dem Salzkonsum allzu sehr, kann Salz sogar eine toxische Wirkung haben. Schuld daran ist die Osmose: Um die erhöhte Salzkonzentration außerhalb der Zellmembranen auszugleichen, wird den Zellen das Wasser entzogen. Wird dem Körper anschließend nicht ausreichend Wasser hinzugeführt, kommt es zu Durchfall und Erbrechen und kann sogar zum Tod infolge von Herz- und Atemstörungen führen. Allerdings müsste ein Erwachsener dafür mehr als zehn Esslöffel Salz innerhalb eines Tages zu sich nehmen, eine zufällige Vergiftung ist also unwahrscheinlich. Gefährlicher ist es allerdings, wenn Säuglinge oder Kleinkinder zu viel Salz zu sich nehmen, denn in diesem Fall können schon geringere Dosen zu Durchfällen oder gar Vergiftungen führen.

GESCHICHTE

„Auf Gold kann man verzichten, nicht aber auf Salz."
Cassiodor (485 - 580)

Gewöhnliches Speisesalz ist heute für wenige Cent zu haben, wurde aber früher als weißes Gold bezeichnet. Salz war wertvoll. Und war ursprünglich auch nicht so weiß, denn das indogermanische Urwort Sal bedeutete „das schmutzig Graue". Salz ist mit der Geschichte der Menschheit, mit ihrer Kultur und Zivilisation eng verbunden. Die Förderung und Gewinnung von Salz, Verbreitung und Handel, Rechte und Streitigkeiten, Steuern und der Weg in die Industrialisierung sind eine spannende Geschichte, die ich hier in der gebotenen Kürze vorlegen möchte.

Frühzeit

Reden wir im Alltag über Salz, meinen wir vorwiegend Speisesalz zur Verwendung in der Küche, welches zusätzlich noch im Salzstreuer auf dem Tisch steht. Salz ist für die Aufrechterhaltung vieler Körperfunktionen verantwortlich und damit überlebensnotwendig. Es reguliert nicht nur den Blutdruck, sondern ist unerlässlich für die Funktion der Nerven- und Muskelzellen. Ohne Salz könnte der Mensch weder Nährstoffe aus der Nahrung aufnehmen noch Krankheitserreger abwehren.Für einen Menschen besteht bei normaler Ernährung keine Notwendigkeit, der Nahrung weiteres Salz zuzusetzen. Der Salzgehalt einer ausgewogenen Ernährung beträgt 3-7 g pro Tag. Allerdings wird bei einer rein pflanzlicher Kost eine größere Menge Kalium aufgenommen als bei einer Ernährung mit vorwiegend tierischen Produkten. Dies führt zu einer übermäßigen Ausscheidung von Natrium. Der Mangel muß über eine zusätzliche Natriumzufuhr ausgeglichen werden. Für unsere Vorfahren war Salz aber vorwiegend wichtig zur Konservierung von Lebensmitteln. Salz entzieht die Feuchtigkeit, in der Bakterien gedeihen können und verhindert so den Fäulnisprozess. Als Pökeln ist diese Art der Konservierung fast überall auf der Welt bekannt.

Aufgrund seiner vielfältigen Verwendungsmöglichkeiten, strebten die Menschen schon früh nach diesem kostbaren Mineralstoff. Die unausgewogene Verteilung der Lagerstätten und ihre - zumindest in ur- und frühgeschichtlicher Zeit - allgemeine Seltenheit machten Salz besonders wertvoll. Für Salz gab es keine oder nur unzureichende Ersatzstoffe.

Wir wissen, schon die Sumerer und Babylonier nutzten Salz zur Konservierung von Lebensmitteln, die Ägypter auch zur Mumifizierung. Bereits im fünften Jahrtausend vor unserer Zeitrechnung wurde im Tal des Aras im Süden Aserbaidschans Salzbergbau betrieben. Die noch immer in Betrieb befindliche Salzmine Duzdagi gilt als das bisher älteste bekannte Salzbergwerk. Neben Funden aus der zweiten Hälfte des fünften Jahrtausends v.u.Z. wurden frühbronzezeitliche Steinhämmer und Keramiken gefunden. Ein dauerhafter Bergwerksbetrieb setzt voraus, dass die Landwirtschaft Überschüsse erzeugt und Handel betrieben wird, da die

Bergleute ernährt werden müssen, ohne selbst Nahrung produzieren zu können und selbst mehr Produkte erzeugen, als die Gemeinschaft verwerten kann. Die zu jener Zeit gewonnene Menge an Salz überstieg bei weitem den Bedarf der lokalen Bevölkerung und es ist davon auszugehen, dass das kostbare Mineral auch über weite Distanzen gehandelt wurde.

Davon ausgehend, dass zu jener Zeit der tägliche Bedarf niedrig angesetzt wurde, so können wir bei nur 3 Gramm pro Person errechnen, dass eine Siedlung von 1000 Menschen über 100 kg Salz im Jahr brauchte, nicht eingerechnet die Menge, die zur Haltbarmachung von Lebensmitteln benötigt wurde.

Um die gleiche Zeit wurde aber auch schon in den Alpen, im heutigen Hallstatt Salz gewonnen, vermutlich aber nicht im Bergbau, sondern aus natürlicher Sole, die aus dem Berg an die Oberfläche trat.

Sicher nachweisbar ist der Salzbergbau in Hallstatt seit der mittleren Bronzezeit, im frühen 14. Jahrhundert v.u.Z. als die dort siedelnden Kelten systematisch Salz abbauten. Mit riesigen horizontalen Förderhallen folgten sie dem Weg der Salzadern bis zu 300 Meter unter die Erde. Die Hallstatt Kelten vermarkteten ihr Salz in herzförmig gepressten Scheiben.

Der Salzabbau in Hallstatt fand im 4. Jahrhundert v.u.Z. durch einen Bergrutsch mit gewaltigen Schlammlawinen ein jähes Ende: Sie verwüsteten nicht nur das gesamte Hochtal, sondern drangen auch tief in die Stollen und Schächte ein und zerstörten so die wirtschaftliche Grundlage der Kelten.

1846 legten Archäologen einen Bestattungsplatz im Hochtal frei, der vor Luxus nur so strotzte: Glasgefäße aus Italien, Schwerter mit Einlagen aus afrikanischem Elfenbein und Bernstein von der Ostsee sowie Schmuck aus Gold zeugen von den Handelskontakten der Kelten, die über Tausende Kilometer reichten. Eine ganze Epoche erhielt nach diesem Fundort ihren Namen: die Hallstatt-Zeit.

Zur gleichen Zeit ungefähr war die Salzgewinnung auch ein bedeutender Wirtschaftsfaktor im heutigen Sachsen-Anhalt, vorwiegend in der Region um

Halle. (Ortsnamen mit Hall verweisen auf den griechischen Wortstamm hal für Salz) Hier aber war man nicht auf Bergbaufertigkeiten angewiesen. Im Mittelelbe-Saale-Gebiet wurden die Steinsalzschichten des vor über 250 Millionen Jahren verdunsteten Zechsteinmeeres so weit nach oben gehoben, dass durch Auswaschung oberflächennahe Solequellen auftreten, die seit Jahrtausenden ausgebeutet werden. Mehrere Funde sogenannter Briquetage, einer typischen Salzsiedekeramik, bezeugen, dass vor Ort Salz in diesen Gefäßen gesotten wurde. Daneben fanden sich zahlreiche Herd- oder Gargruben, in denen vermutlich Schweinefleisch gepökelt und so haltbarer gemacht wurde. Die Größen einiger Anlagen legen die Vermutung nahe, dass weit über den eigenen Bedarf hinaus produziert wurde und ein reger Handel mit regionalen und überregionalen Märkten stattfand.

Schon in vorgeschichtlicher Zeit wurde das kostbare Mineral auf Salzstraßen von den Herstellungsorten in die salzarmen Regionen transportiert. Auf den so entstandenen Salzstraßen wurden auch weitere Artikel transportiert. Die so entstandenen wichtigen Handelsstraßen ermöglichten eine Verbreitung und Verbesserung des zivilisatorischen Lebens.

Antike

Salz stand in der Antike als Symbol für Freundschaft, Vertrauen und Gastfreundschaft und war gleichzeitig Bestandteil einiger Riten. Für Plutarch war Salz eine göttliche Substanz, gleichwertig mit Wasser, Licht und Erde, da diese für das Überleben der Menschen notwendig sind und zu Recht vergöttlicht werden könnten.

Über Jahrhunderte expandierte das römische Reich entlang der Mittelmeerküsten. In all diesen Gegenden wurde von jeher auf das unbegrenzt zur Verfügung stehende Meersalz zurückgegriffen. Die Salinen am Meer hatten sich über eine lange Zeit hinweg zu effizienten Produktionsstätten entwickelt.

Die Gewinnung von Meersalz war eine der wichtigsten Salzquellen. Nach Plinius dem Älteren war es die gängigste Art der Salzgewinnung.

Es gibt zahlreiche Textstellen, die auf Verdunstungsteiche für Meersalz hinweisen: Livius berichtet, dass Ancus Marcius Salinen am Tiber in der Nähe von Ostia eröffnete; Plinius erwähnt eine Reihe von Beispielen solcher Anlagen, die über das gesamte Mittelmeer verteilt sind, während Columella auf die Existenz von Salinen in Pompeji hinweist und Cassiodorus von solchen in der Nähe Venedigs spricht. Auch Rutilius Namatianus und Manilius sind für ihre Erklärungen zur Funktionsweise antiker Salinen bekannt.

Mit der Eroberung Galliens und des Voralpengebiets bekam man erstmals Gegenden in die Hand, die nur schwer mit Meersalz zu versorgen waren. Lange Transportwege und aufwändiger Über-Land-Transport verteuerten das eigentlich billige Meersalz erheblich. Es lag daher nahe, die von den Einheimischen betriebenen Salinen weiter zu nutzen. Einiges deutet vor allem im Alpengebiet darauf hin.

Wurden im Herbst die Tiere geschlachtet, die man über den Winter nicht ernähren konnte, war es nötig, das Fleisch als Vorrat über Monate haltbar zu machen. Dafür wurden große Mengen Salz benötigt.

Pökelschinken aus Gallien galten in Rom und ganz Italien als Delikatesse. Thunfisch wurde in den Sommermonaten in großen Mengen gefangen. Er wurde eingesalzen das ganze Jahr auch im Hinterland angeboten.

Der Salzhandel unterstand im römischen Imperium staatlicher Kontrolle und wurde von den salarii betrieben. Die römische Regierung zögerte jedoch nicht, die Salzpreise zu kontrollieren. Es war der kaiserlichen Verwaltung wichtig, Salz für die gesamte Bevölkerung zu erschwinglichen Preisen verfügbar zu halten, weswegen es zeitweilig subventioniert wurde. Es gab einen das gesamte Reichsgebiet umfassenden Salzhandel, betrieben von den salarii.

Innerhalb des Römischen Reiches wurde Salz als wesentlicher Bestandteil des Reichsaufbaus angesehen. Die erste der großen Straßen des Römischen Reiches, die Via Salaria oder Salzstraße, wurde für den Salztransport gebaut. Es war eine der vielen alten Salzstraßen in Europa, und einige Historiker betrachten die Salaria und den Handel mit Salz als den Ursprung der Besiedlung Roms. Die römische Armee benötigte Salz für ihre Soldaten und Pferde. Die Legionäre wurden teilweise mit Salz entlohnt. Aus dem salarium, der Salzration, leitet sich das noch heute gebräuchliche Wort „Salär" ab.

Um den Krieg zu finanzieren, begann die Regierung, die Salzpreise zu manipulieren, um Spenden zu sammeln, obwohl es in der Stadt Rom weiterhin einen niedrigen Preis gab.

Mittelalter

Im Gegensatz zu früheren Zeiten waren die Menschen im Mittelalter nicht mehr auf natürliche Salzwasserquellen angewiesen. Salz wurde zwar weiterhin zum größten Teil durch das Sieden von Sole gewonnen. Aber man schuf jetzt Hohlräume im Salzgestein die mit Wasser gefüllt wurden.

Die so entstandene Sole wurde in den Salinen in sogenannten "Pfannen" so lange erhitzt, bis nur noch festes Salz übrig war.

Wichtige Stätten der deutschen Salzproduktion waren Bad Reichenhall, Lüneburg und Halle.

Obwohl inzwischen Salz in großen Mengen gewonnen wurde, blieb es dennoch ein wertvolles Gut. Salz wurde gebraucht, um Schießpulver herzustellen, Tongeschirr zu glasieren und Silber zu gewinnen. In Färbereien und Gerbereien kam Salz zum Einsatz. Es diente auch als Arzneimittel gegen Zahnschmerzen, Schwermut und Magendrücken.

Der Adel und die Klöster profitierten durch Zölle und Steuern vom Geschäft mit dem Salz. Durch den Transport des Speisesalzes und den Handel wurden viele Städte zu reichen Metropolen.

Die Venezianer erkannten früh, dass sich allein mit dem An- und Verkauf von Salz sehr viel mehr Geld verdienen ließ als mit der Salzproduktion. Mit den Erlösen aus dem Salzhandel wurden andere Handelszweige unterstützt. Kein Staat hat seine Wirtschaft so sehr auf das Salz gegründet wie Venedig. Wo es Salz gab, gab es Reichtum, aber der Reichtum schuf auch Konflikte.

Nehmen wir die Geschichte von Heinrich dem Löwen, der im Jahre 1156 die alte Isarbrücke bei Freising zerstören ließ. Von nun an musste das in Bad Reichenhall abgebaute Salz über seine Brücke in München transportiert werden. Durch die dafür kassierten Mauteinnahmen gewann München an Reichtum und Bedeutung.

Weil ihnen das Salz zum Pökeln fehlte, konnten sich Bauern trotz eigener Schlachtung Fleischmahlzeiten nur in Maßen leisten. 1648 kam es zum „Salzaufstand in Moskau", weil durch eine Salzsteuer der Salzpreis auf das Dreifache stieg.

In Frankreich war die zuerst 1286 eingeführte und 1342 erneuerte Salzsteuer, die so genannte Gabelle, eine indirekte Steuer, besonders unbeliebt. Jeder Untertan über acht Jahren musste pro Jahr sieben Kilogramm Salz zu einem festgelegten Preis kaufen. Die drückende Last dieser Salzsteuer war schließlich mit ein Auslöser für die französische Revolution.

Die Kontrolle der Salzgewinnung und des Handels durch Länder und Städte, die das sogenannte Salzregal besaßen, führte zu einer weitgehenden Staatsaufsicht und mündete in staatlichen Monopolen. Die Stadt Lüneburg hielt das Salzmonopol vom 12. bis über das 15. Jahrhundert hinaus für Norddeutschland und die Ostseeanrainer.

Als Konservierungsmittel verhalf Salz der Heringsfischerei auf der Ostsee zu einem enormen Aufschwung. Der Hering wurde gleich auf dem Schiff gesalzen und in Fässer eingelegt. So hätten die Fischer tagelang auf See bleiben können. Heringe gab es genug, allein das knappe Salz setzte Grenzen. Um den Handel mit Heringen und Salz zu organisieren schlossen sich Kaufleute zusammen. Die Hanse entstand.

Das Salzhaus Lüneburg

Man erzählt sich. dass vor langer Zeit einige Jäger in der Gegend um das heutige Lüneburg in einem Wald eine große Wildsau schlafend vorfanden. Das Besondere an ihr war, dass sie nicht wie üblich schwarz war, sondern schneeweiße Borsten hatte.

Nachdem sie die Sau erlegt hatten, stellten sie fest, dass die weiße Farbe von Salzkörner in ihrem Fell hervorgerufen wurde. Die Jäger folgten der Fährte der Sau und fanden einen Tümpel, in dem sie sich gesuhlt hatte. Sie kosteten das Wasser und stellten fest, dass es enorm salzhaltig war. Die Sau hatte sie zu einer Solequelle geführt.

Den salzhaltigen Solequellen in ihrer Umgebung hatte Lüneburg im Mittelalter seinen Wohlstand zu verdanken. Als die Stadt im Jahr 956 zum ersten Mal urkundlich erwähnt wurde, gab es bereits die

Saline. Zwischen 1276 und 1797 wurde das Lüneburger Salz in über 200 Siedepfannen gewonnen. Die Saline war im Mittelalter ein herausragender Großbetrieb. Es wurde durchgehend tags und nachts gearbeitet. Die einst dichten Wälder um Lüneburg wurden nach und nach abgeholzt und verwandelten sich in die heutige Heidelandschaft.

In der mittelalterlichen Stadt wurden pro Jahr mehr als 20.000 Tonnen Salz produziert. Von Lüneburg aus wurde das Salz über die Salzstraße nach Lübeck verbracht. Die großen Salzspeicher jener Zeit sind noch heute erhalten. Bis ins 18. Jahrhundert war Lübeck der Hauptumschlagsplatz des Lüneburger Salzes. Über die Ostsee gelangte es bis nach Skandinavien und ins Baltikum.

Neuzeit

Erst als es möglich wurde die 250 Millionen Jahre alten und mehrere hundert Meter dicken Salzschichten des Zechsteinmeers[1] abzubauen, wurde Speisesalz für jedermann erschwinglich.

Als im 19. Jahrhundert die Möglichkeit zum Erbohren von Salzlagern bestand, wurde durch die neuen Berggesetze das Salzhandelsmonopol abgeschafft. Es wurde ersetzt durch eine der Bergbaufreiheit entsprechenden Schürffreiheit nach Salzen sowie den freien Salzhandels. In Deutschland stand die Salzsteuer seit der Reichsgründung dem Reich zu. Im ersten Haushaltsjahr 1872 war sie neben den Zöllen die wichtigste Steuereinnahme, zum Zeitpunkt ihrer Abschaffung 1993 handelte es sich nur noch um eine Bagatellsteuer.

---

[1] Das Zechsteinmeer war ein flaches Epikontinentalmeer, das vor etwa 258—250 Millionen Jahren im heutigen Mitteleuropa bestand. Es erstreckte sich mit einer Fläche von ungefähr einer Million Quadratkilometern vom heutigen England bis ins heutige Baltikum und vom heutigen nördlichen Nordseeraum bis ins heutige Südwestdeutschland. Quelle Wikipedia

Der größte Teil des heute gewonnenen Salzes geht in die Industrie. Schon in den zwanziger Jahren des vorigen Jahrhunderts veröffentlichte die amerikanische Firma Diamond Crystal Salt Company aus Michigan eine Broschüre, in der fast hundert mögliche Nutzungen von Salz standen.

Heute ist Salz ein wichtiger Grundstoff für verschiedenste Werkstoffe. Dazu wird das Industriesalz mittels Elektrolyse in Natronlauge (NaOH) und Chlor (Cl2) aufgespalten.

Natronlauge findet vor allem in der Aluminiumerzeugung Anwendung. Außerdem wird es als Bleichmittel in der Papierindustrie, sowie als Grundstoff in der Seifen- und Waschmittelproduktion verwendet. Eine Umwandlung von Natronlauge in Soda ist ohne weiteres möglich und erfolgt je nach Marktbedarf. Soda benötigt man vor allem in der Glaserzeugung, denn Glas entsteht durch Verschmelzung von Soda, Kalk und Quarzsand.

Chlor ist ein wichtiger Bestandteil vieler Kunststoffarten. Außerdem wird es zur Wasseraufbereitung und zur Wasserdesinfektion verwendet. Man benötigt Chlor auch zur Erzeugung von Farben und

Lacken sowie für den Pflanzenschutz und für Arzneimittel.

Eine Besonderheit einiger Salzbergwerke ist die Gewinnung hochreiner Salze. Dabei handelt es sich um Kaliumchlorid und Kaliumsulfat. Sie gelten als hochrein, da ihre Wertstoffgehalte bei nahezu 99,9 Prozent liegen.

Vor allem in der Medizin und im Lebensmittelbereich gelten hohe Qualitätsanforderungen für die Herstellung. Hier finden die hochreinen Salze ihre Anwendung.

Kaliumchlorid wird bei der Herstellung von Infusions- und Dialyselösungen sowie bei Standardinjektionen zur künstlichen Ernährung genutzt. Es wird auch zur Reinigung von Insulin eingesetzt und findet sich in Kaliumtabletten, Diätsalzen, Sportlernahrung und in Mineraldrinks.

Kaliumsulfat wird als Rohstoff in der Arzneimittelherstellung verwendet. Es ist in vielen Antibiotika enthalten, aber auch in homöopathischen Mitteln, die gegen Neurodermitis oder Schuppenflechte helfen.

Salzgewinnung

Meersalz

Die Gewinnung von Salz aus dem Meer ist die älteste und einfachste Methode. In einer Tonne Meerwasser stecken 35 Kilogramm Salz — davon wiederum sind knapp 11 Kilogramm reines Natriumchlorid.

Das Meerwasser wird in flachen Becken, sogenannten Salzgärten gesammelt, wo sich das Salz mit der Zeit ablagert, während das Meerwasser verdunstet. Das verbleibende Salz wird abgeschöpft, teilweise sogar noch bis heute per Hand, und erneut in Salzgärten ausgelegt, um die restliche Feuchtigkeit verdunsten zu lassen. Industriell gewonnenes Meersalz wird raffiniert, d.h. nach der Ernte gewaschen und bei hohen Temperaturen künstlich getrocknet.

Übrig bleibt als Endprodukt reines Meersalz, welches als das wertvollste aller Salze gilt. Frankreich, Portugal und Spanien gewinnen in großem Maße Salz aus Meerwasser.

Um auch in Deutschland auf diese Weise an der Nordseeküste Salz zu gewinnen, regnet es dort zu häufig und es gibt zu wenige Sonnenstunden. Damit wird die Methode der Verdunstung erschwert.

Steinsalz

Das Steinsalz wird im Bergbau, unter Tage durch Sprengungen oder Bohrungen aus Salz-Gesteins-schichten gewonnen. Dort werden oftmals ganze Salzflöze, somit große Mengen an Salz freigelegt. Dieses Salz ist vor vielen Millionen Jahren durch Ablagerungen der Urmeere entstanden und ist meist von Gestein überdeckt. Steinsalz ist von Natur aus sehr rein und muss nur von groben Verschmutzungen gereinigt werden.

In Deutschland gibt es mehrere Kalibergwerke, in denen Steinsalz abgebaut wird. Das Problem bei dieser Art der Salzgewinnung ist jedoch, dass letztendlich nur ein geringer Teil des Abbaus verkauft wird. Es verbleibt ein großer Restbestand, der auf sogenannten „Kalihalden" landet. Von dort sickert das Salz langsam mit dem Regenwasser ins Grundwasser, welches langfristig dadurch verdorben wird.

Siedesalz

Auch Siedesalz wird Untertage abgebaut, indem die Salzlagerstätten angebohrt werden. Dann wird Süßwasser in die Hohlräume gespült. Die so entstehende „Sole"wird nach einem ähnlichen Prinzip wie beim Steinsalz mehrmals gereinigt und getrocknet. Dabei wird die Sole erhitzt, so dass das Wasser verdampft. Früher machte man das mit sogenannten Siedepfannen über Feuer. Heute benutzt man ein Rohstoffe sparendes Verfahren, die Vakuumverdampfung. Die ubrig bleibenden Salzkristalle sind reines Natriumchlorid. Dieses ist von sehr reiner Form und das meist verwendete Salz in unseren Küchen. Allerdings wird der größte Teil vorwiegend für die Industrie weiterverarbeitet.

DAS BESTE SALZ

Die Frage "Welches Salz ist gesund?" richtet sich wie bei allem in der Ernährung nach der Menge des aufgenommenen Salzes. Weder Steinsalz, Himalaya Salz oder Meersalz können beanspruchen, gesünder als das jeweils andere zu sein. Wichtig ist ein hoher Mineralstoffanteil — und natürlich der ganz individuelle Geschmack.

Heute macht Speisesalz nur etwa drei Prozent der gesamten Salzproduktion aus. Es kommt entweder aus Bergwerken oder dem Meer. Je nach Herkunft enthält es noch andere Spurenelemente.

Das hauptsächlich aus Natriumchlorid bestehende Speisesalz darf bis zu drei Prozent durch andere Salze „verunreinigt" sei. Es kann Magnesiumchlorid und Sulfate enthalten und wird oftmals mit Jod oder Fluor veredelt. Damit es nicht verklumpt, werden Kaliumferrocyanid (E 536), Kalziumkarbonat, Magnesiumkarbonat oder Silikate zugesetzt.

Unter Meersalz verstehen wir das mehr oder weniger grobkörnige Salz ohne irgendwelche Zusatzstoffe. Natürliches Meersalz enthält einen wertvollen Mineralienmix. So sind neben Natriumchlorid auch geringe Mengen an Salzen von Kalium, Kalzium, Magnesium, Mangan bzw. Spuren von anderen Stoffen enthalten. Dem Steinsalz hingegen, welches schon sehr alt und lange abgelagert ist, fehlen die organischen Zusätze.

Meersalz kann in Aussehen und Geschmack, bei den Inhaltsstoffen und auch im Preis sehr unterschiedlich sein.

Grobes vs. feines Meersalz

Das grobes Meersalz hat eine höhere Restfeuchtigkeit, sprich einen höheren Wasseranteil als das feine Meersalz.

Grobes Meersalz hat den Vorteil sich langsamer aufzulösen und dringt dadurch nicht so schnell in das Bratgut ein. Die meiste Verwendung in der Küche findet es bei Gerichten mit Salzkruste.

Durch seine grobe Textur hat es fast einen crunchigen Effekt und sein Geschmack ist stärker als der des feinen Tafelsalzes. Auch kann es Spuren von natürlichen Mineralien wie Magnesium, Kalzium, Kalium, und anderen Nährstoffen enthalten.

Einen gesundheitlichen Vorteil bietet dies allerdings nicht wirklich, denn es sind tatsächlich nur Spuren von Mineralien, die sich durch andere gesunde Nahrungsmittel täglich ebensogut leicht zuführen lassen.

Feines Meersalz beinhaltet dafür etwas mehr Natriumchlorid als grobes Meersalz und ist auch mit Jodzusatz erhältlich.

Letztendlich entscheidet also der persönliche Geschmack und die Zubereitungsart des Gerichtes.

Galt es früher als Zeichen von Reinheit und Qualität, wenn das Salz schneeweiß war, so finden heute farbige Salze und andere Exoten immer mehr Zuspruch, auch wenn sie ein Vielfaches des normalen Tafelsalzes kosten.

INKASALZ

Dieses Salz wird in den unterirdischen Seen der Anden gewonnen. Nur wird es nicht durch Abkochen hergestellt, sondern durch Verdunsten in Salzgärten, wie beim Meerwasser. Inkasalz ist rosafarben, ähnlich wie das Himalayasalz und besitzt wie das Fleur de Sel eine Restfeuchtigkeit und einen milden Salzgeschmack.

AUSTRALIAN MURRAY RIVER SALZ

Dies ist ein blaß rosafarbenes Siedesalz und wird unterhalb des Murray-Darling-Beckens aus einer Sole gewonnen. Auffällig ist die Form der sehr mild schmeckenden Salzkristalle, welche pyramidenförmig ist. Die Ablagerungen einer Alge erzeugen die Farbgebung des Salzes.

BAMBUSSALZ

Bambussalz wird in Korea in Salzgärten auf ocker-farbenen Böden getrocknet und gehört zu den Meersalzen. Allerdings wird ihm die Restfeuchtig-keit durch das Erhitzen in Bambusstäben entzogen. Dies ist eine sehr aufwendiger Vorgang der, je hochwertiger das Produkt, entsprechend oft wie-derholt wird. Es ist ein sehr starkes Salz mit schwefeligem Beigeschmack.

KALA NAMAK
(SCHWARZES STEINSALZ)

Der Ursprung des Salzes liegt in Nordindien und Pakistan. Sein Geschmack ist leicht schweflig, da es einen hohen Anteil an Schwefelwasserstoff und Eisen enthält. Eine Salzlösung wird mit schwarzen Samen zusammen verkocht, so erhält Kala Namak seine dunkle Farbe. Es findet überwiegend in der indischen Küche Verwendung.

HAWAIISALZ

Dies ist ebenfalls ein weisses Meersalz, welches auf den pazifischen Inseln gewonnen wird.

Einige hochwertige Hawaiisalze werden in den Boden sickern gelassen und später abgebaut. Je nach Beschaffenheit des Bodens, entsteht ein rotes, rosa oder schwarzes Salz.

Das rote Hawaiisalz wurde in vulkanischer Erde veredelt und ist sehr selten, mit einem etwas nußig schmeckenden, fast süsslichen Aroma.

Das pinke Hawaiisalz besitzt einen feinen rosa Farbton und ist wie das rote Salz mit rötlicher Tonerde veredelt, nur ist der Anteil der roten Erde geringer und ein Anteil weißer Tonerde wurde hinzugefügt. Sein Geschmack ist sehr mild.

Ein leuchtend grünes Hawaiisalz wurde mit Bambusblättern vermischt und ist ebenfalls von ausgesprochen mildem Aroma.

Dem schwarzen Lava-Salz wurde durch Kokosnuß-schalen hergestellte Aktivkohle beigefügt, welche ihm seine funkelnde Farbe und seinen rauchigen Geschmack schenkt.

Alle Hawaiisalze finden überwiegend in den Gourmet-Küchen durch ihren speziellen Geschmack und die auffällige Farbe Verwendung.

Fleur de Sel

Als besonders edles und dem entsprechend teures Meersalz gilt die Salzblume, auch unter den Bezeichnungen Fleur de Sel, Fior(e) di sale, Flor del mar im Handel, je nachdem ob es von französischen, italienischen, spanischen oder portugiesischen Küsten stammt.

Nur an windstillen, heißen Tagen entsteht die Salzblume auf der Oberfläche kleiner Meerwasserbecken. Die dünne Kruste wird von Hand abgeschöpft und ist von besonders mildem Geschmack. Ungewaschen, ungemahlen und in der Sonne getrocknet bewahrt es einen hohen Anteil an Magnesium und anderen Mineralien sowie Spurenelementen.

Man streut es kurz vor dem Servieren oder bei Tisch auf die Speisen. Es wäre Unsinn, das teure Salzblüten-Meersalz ins Kochwasser zu geben.

Himalaya Salz

Himalaya-Salz ist ein rosafarbenes Steinsalz, das seit einigen Jahren in Reformhäusern und Naturkostläden angepriesen wird, als reich an Mineralien und positiver Energie. Ein gesundheitlicher Vorteil zu herkömmlichem Salz konnte bisher aber nicht bestätigt werden. Kritiker behaupten, dass es genau so gesund ist wie jedes andere naturbelassene und nicht raffinierte Mineral- oder Meersalz.

Die Zusammensetzung von Himalaya-Salz gleicht zu 98 Prozent der des herkömmlichen Speisesalzes. Lediglich einige wenige weitere Mineralstoffe konnten in Spuren nachgewiesen werden. Wie das mitteleuropäische Salz kommt Himalaya-Salz aus Salzlagerstätten, die durch Verdunstung und Ablagerung der Urmeere entstanden sind; die geologische Entstehungsgeschichte ist gleich.

Der Großteil des Salzes wird nicht im Himalaya selbst abgebaut, sondern in industriellen Salzminen in Zentral-Pakistan. Deshalb wird das im Einzelhandel angebotene Salz inzwischen meist mit dem Zusatz "aus Pakistan" betitelt oder einfach nur "Rosa Kristallsalz" genannt. Jedes Salz besteht aus Salzkristallen.

Ständig kommen neue Designersalze in den Handel, mit Rosen oder Hibiskusblüten, geräuchert, gesüßt, mit Schokolade oder Vanille und immer zu gepfefferten Preisen.

REZEPTE

Salz bringt nicht nur durch den eigenen
Geschmack das gewisse Etwas ins Essen, es för-
dert auch die Wahrnehmung anderer
Gewürze.

Grobes Meersalz

PIMENTOS DI PADRON
(BRATPAPRIKA)

Für 2 Personen

Zutaten

170g Pimentos (Bratpaprika)
1 EL Sonnenblumenöl
1 EL Butter
grobes Meersalz je nach Geschmack

Zubereitung

Die Pimentos waschen, abtrocknen und in
einer Pfanne mit der geschmolzenen Butter
und dem erhitzen Öl anbraten. Dabei immer wieder wenden. Wenn die Pimentos
blasen schlagen aus der Pfanne nehmen.
Auf einem Teller anrichten und mit grobem
Meersalz bestreuen.

PAPAS ARRUGADAS
(KANARISCHE SALZKARTOFFELN)

Für 2 Personen

<u>Zutaten</u>

1kg Kartoffeln (kleine, mehligkochende Sorte verwenden)
4 EL grobes Meersalz

<u>Zubereitung</u>

Die Kartoffeln als erstes waschen und in einen Topf geben. Dann den Topf mit Wasser auffüllen, dabei sollten die Kartoffeln mindestens bis zur Hälfte bedeckt sein. Nun das Salz darüber streuen. Jetzt das Wasser im unverschlossenen Topf zum Kochen bringen. Den Topf zwischendurch mal schwenken und die Kartoffeln drehen. Nach ungefähr 20 Minuten vom Herd nehmen und das Wasser bis auf eine Restflüssigkeit am Topfboden abgiessen. Nun die Kartoffeln erneut auf die Herdplatte stellen und ausdampfen lassen, bis sich die Schale runzelt. Dabei den Topf immer mal wieder schwenken und die Kartoffeln im Auge behalten, damit sie nicht anbrennen. So erhalten sie ihr schrumpeliges Aussehen und noch dazu eine lecker Salzkruste.

Auf den kanarischen Inseln wird die „Papas negras" oder „Papas bonitas" Kartoffel verwandt. Es schmeckt aber auch vorzüglich mit einer heimischen kleinen mehligkochenden Kartoffelsorte.

Dieses typisch kanarische Gericht wird mit einer Mojo rojo sowie Mojo verde Sosse sowohl als Zwischenmahlzeit als auch zur Beilage serviert.

GAMBAS

Für 2 Personen

Zutaten

1kg Gambas (geschält)
3 EL Sambal Oelek
2 EL Knoblauch
50ml Olivenöl
1 TL grobes Meersalz

Zubereitung

Die Gambas schälen und in eine Schüssel geben. Den Knoblauch schälen, zerkleinern und zusammen mit dem Öl, dem Sambal Oelek und dem groben Salz in ein Gefäß geben. Anschließend mit einem Pürierstab fein mixen. Die Mischung nun über die Gambas geben und gut verrühren.

Bestenfalls 2 Stunden marinieren. Danach reichlich Olivenöl in einer Pfanne erhitzen und die abgetropften Gambas darin portionsweise anbraten. Sobald sie sich kringeln herausnehmen, sonst werden sie zäh.

Dazu schmeckt ein gemischter Blattsalat und ein Brot mit Oliven.

GANZER
FISCH IM SALZMANTEL

Für 2 Personen

Zutaten

2 Fische (Wolfsbarsch oder auch Goldbrasse, Seebarsch, Lachs, Lachsforelle, Red Snapper, Zander)
1,5kg grobes Meersalz
4 Knoblauchzehen
Kräuter nach Belieben (Petersilie, Dill, Rosmarin, Thymian, Basilikum)
6 Eiweiß
Pfeffer
Salz

Zubereitung

Je nach Appetit 2 mittelgroße oder große Fische in der Fischhandlung küchenfertig zubereiten lassen. Die dann bereits ausgenommenen und geschuppten Fische zuhause erneut unter fließend kaltem Wasser waschen und trocken tupfen.

Den Backofen auf 220 Grad vorheizen. Die Knoblauchzehen schälen und in Scheiben schneiden. Die Fische auf jeder Seite zweimal schräg einschneiden und die Knoblauchscheiben in die Einschnitte stecken, den Rest in den Fischbauch legen. Die Kräuter deiner Wahl jetzt ebenfalls in den Bauch legen. Nun den Fisch nur noch mit ein wenig feinem Salz und etwas Pfeffer einreiben.

Als nächstes das grobe Meersalz mit 6 geschlagenen Eiweiß in einer Schüssel mischen. Dann eine Hälfte der Salzmischung auf das mit Backpapier belegte Backblech verteilen und die Fische darauf legen. Anschließend die andere Hälfte des Meersalzes auf die Oberseite der Fische auftragen. Die gesamten Fische sorgfältig bedecken und alles gut andrücken.

Nun die Fische je nach Größe für 25-35 Minuten im Backofen garen.

Prüfe ob der Fisch gar ist, indem du am Kopf die Salzkruste öffnest. Wenn die Augen durchgängig weiß sind, ist der Fisch fertig.

Danach die obere Salzschicht aufklopfen und die Fische vorsichtig befreien. Die Haut vom Fisch abnehmen, filetieren und auf Tellern anrichten.

Das grobe Meersalz unterstreicht hervorragend den Fischgeschmack.

Dazu passt wunderbar Aioli (spanische Knoblauchsoße), ein gemischter mediterraner Salat und Salzkartoffeln.

GANZER WOLFSBARSCH IM SALZMANTEL
AUF ITALIENISCHE ART

Für 2 Personen

Zutaten

1 grosser Fisch (Wolfsbarsch)

1kg Meersalz

1/2 Fenchel

1/2 Stange Sellerie

1 Zweig Zitronenthymian

1 Lorbeerblatt

1 Knoblauchzehe

1 Eiklar

1 EL Olivenöl

Zubereitung

Den Backofen auf 200 Grad vorheizen. Den
küchenfertigen ganzen Fisch unter flies-
sendem Wasser abspülen und trocknen.
Den Fenchel und den Sellerie schälen und

in Würfel schneiden. Dann den Zitronenthymian waschen und abzupfen und mit
dem Olivenöl und dem Lorbeerblatt vermischen und in den Fischbauch füllen. Jetzt
das gewürfelte Gemüse mit etwas Olivenöl
vermengen und ebenfalls in den Fischbauch legen. Dann das Eiweiss mit dem
Meersalz vermischen. Als nächstes ein
Backblech mit Backpapier auslegen und
eine Schicht Salz aufstreuen. Den Fisch
darauf legen und diesen mit der restlichen
Salzmasse bedecken. Gut andrücken und
den ganzen Fisch mit dem Salz abdecken.
Nun den Barsch für 30 Minuten im Backofen garen. Danach den Salzmantel öffnen
und den Fisch filetieren und portionieren.
Besonders eindrucksvoll ist es, den Fisch
am Tisch zu servieren und die Salzkruste
vor den Gästen aufzuschlagen und dort zu
tranchieren.

ANDALUSISCHES KRÄUTER-SALZ MIT LAVENDEL

Für 1 Portion

Zutaten

500g grobes Meersalz
1 Bund Rosmarin
1 Bund Thymian
1 Bund Salbei
1 Bund Basilikum
1 Bund Lavendel
5 schwarze Oliven

Zubereitung

Die Kräuter waschen und trocken schütteln, von den Stielen trennen.

Dann die Kräuter zusammen mit den klein gehackten Oliven in einem Mixer zerkleinern. Nun das Salz dazu geben und erneut im Mixer durchmischen. Jetzt den Backofen auf 150Grad vorheizen, dann abstellen. Als nächstes das Kräutersalz auf einem Backblech auslegen und in den Ofen schieben. Bei leicht geöffneter Türe ungefähr 20 Minuten trocknen lassen.

Anschließend in verschließbare Gefässe abfüllen.

Dieses Kräutersalz ist ein ideales Geschenk.

Fülle es in ein schönes Schraubglas oder in ein schlankes Reagenzglas mit Korkverschluss ein, dazu noch ein handgeschriebenes Etikett und mit einem hübschen Schmuckband versehen.

Das Würzsalz passt zu allen mediterranen Gerichten und hält trocken gelagert viele Jahre, in denen es noch an Aroma gewinnt.

ZITRONEN-ROSMARIN-SALZ

Für 1 Portion

Zutaten

1 Zitrone, unbehandelt
1 Zweig Rosmarin
200g grobes Meersalz

Zubereitung

Die Zitrone waschen, trocknen und die Schale abreiben. Den Rosmarin ebenfalls waschen, trocknen und die Nadeln abzupfen, grob hacken.

Die Zitronenschale und den Rosmarin nun mit dem Salz vermischen, in ein Schraubglas einfüllen und trocken lagern.

Passt hervorragend zu Fischgerichten, sowie zu Geflügel.

EINGELEGTE MAKRELEN

Für 2 Personen

Zutaten

4 Makrelen

120g Steinsalz

1l Wasser

2 TL Senfmehl (zur Konservierung)

1/2 TL schwarze Pfefferkörner

2 Beutel Schwarztee

2 Lorbeerblätter

2 TL Koriandersamen

6 Nelken

2 Pimentkörner

2 EL Apfelessig

1 Zwiebel

1 Prise Zucker

Essig

Öl

Zubereitung

Die Gewürze in einem Mörser zerkleinern.
Diese dann zusammen mit den Lorbeerblät-
tern und den Teebeuteln in einem Gefäß
mit kochendem Wasser aufgießen. Wenn
die Mischung abgekühlt ist, die Teebeutel
entfernen, das Steinsalz und das Senfmehl einrühren. Dann den Apfelessig und
eine Prise Zucker hinzufügen.

Nun die Makrelen waschen, den Kopf und
den Schwanz entfernen und in der Ge-
würzmischung einlegen. Für 24 Stunden
oder auch länger (bis zu 5-6 Tage) in den
Kühlschrank stellen.

Dann die Fische dem Sud entnehmen, häu-
ten, filetieren und mit einer Grätenpinzette
entgräten. Nun portioniert auf einem Teller
mit gehobelten Zwiebelringen servieren.
Mit etwas Essig und Öl würzen.

Dazu passen wunderbar Pellkartoffeln oder
ein Kartoffelsalat.

FOCACCIA MIT STEINSALZ

Für 1 Ofenblech

Zutaten

Für den Teig:

500g Weizenmehl
10g frische Hefe
20g groben Grieß
50g Olivenöl
15g Salz

5 EL Olivenöl
Bund Rosmarin
Steinsalz

Zubereitung

Alle Zutaten für den Teig zusammen mischen und kneten, dann den Teig aus der Schüssel heben und auf ein mit Backpapier belegtes Backblech geben. Mit den Fingern in die gewünschte Form bringen, so dass der Teig das gesamte Blech bedeckt. Nun etwas Olivenöl darüber träufeln, mit einem Küchentuch abdecken und eine Stunde an einem warmen Ort gehen lassen. Nun nochmals mit den Fingerspitzen kleine Dellen in den Teig drücken und weitere 20 Minuten gehen lassen. Den Backofen nun auf 250 Grad vorheizen. Zwischenzeitlich den Rosmarin waschen und die Nadeln abzupfen. Diese nun über den Teig verteilen und etwas andrücken und mit dem Steinsalz bestreuen. Die Hitze des Ofens auf 220 Grad herunter drehen und das Blech für 25 Minuten in den Ofen schieben, bis das Focaccia goldbraun geröstet ist. Aus dem Ofen nehmen und erneut mit Olivenöl bepinseln. Anschließend auf einem Küchengitter abkühlen lassen.

Salz-Krustenbraten

Für 2 Personen

Zutaten

500g Schweineschinken mit Schwarte
500g grobes Steinsalz
Mittelscharfer Senf
Pfeffer

Zubereitung

Den Backofen auf 200 Grad Ober/Unterhitze vorheizen. Die Schwarte mit einem scharfen Messer rautenförmig einschneiden. Danach auf einem mit Backpapier belegten Backblech das Salz verteilen. Dann den Braten mit Senf kräftig einreiben und pfeffern. Nun auf das Salzbett legen und für ca. 1 Stunde braten.

Dazu passt ein Kartoffelsalat, Gurkensalat oder Krautsalat.

Rosa Steinsalz mit Rote Beete

Für 1 Portion

Zutaten

400g grobes Steinsalz
40g rote Beete (roh)
1 Zweig Rosmarin
1 TL Orangenschalenabrieb

Zubereitung

Zunächst eine rohe rote Beete schälen und ganz fein reiben. Dann den Rosmarin waschen und die Nadeln abzupfen. Nun die geriebene rote Beete mit den Rosmarinnadeln und dem groben Steinsalz in einen Zerkleinerer geben. Zum Schluß den Orangenabrieb hinzufügen und erneut umrühren. Jetzt kann das wunderbar pinke Steinsalz in ein hübsches Schraubgefäss oder Reagenzglas mit Korkverschluss abgefüllt werden. Auch zum Verschenken ist

dies eine prima Idee und ein absoluter Hin-
gucker. Gut verschlossen und trocken gelagert hält es sich bis zu 6 Monaten. Die
knallrosa Farbe kann allerdings nach einiger Zeit verblassen und ins bräunliche
wechseln.

Dieses Würzsalz passt sehr gut zu herzhaf-
tem Fleisch, aber auch als Gemüse-Topping
ist es grandios.

Exotisches Kräutersalz

Für 1 Portion

Zutaten

200g Steinsalz

2 TL Nelken gemahlen

2 TL Curry

2 TL Cumin

2 TL Lorbeerblätter fein gemahlen

2 TL Steviablätter fein gemahlen

2 MS Zimt

3 MS Ingwerpulver

Zubereitung

Alle Zutaten zusammen mischen und in ein Schraubglas füllen. An einem trockenen Ort aufbewahren. Passt hervorragend zu indischen Gerichten und Currys.

KARAMELLBONBONS MIT FLEUR DE SEL

Für 100 Stück

Zutaten

500ml Sahne

400g Rohrzucker

4 EL Honig

2 Pckg. Vanillezucker

4 EL Süßrahmbutter

2 TL Bratöl

1 TL Fleur de Sel

Zubereitung

Eine große flache Auflaufform mit Pflanzenöl einpinseln und großzügig mit Backpapier auslegen.

Nun die Sahne mit der Butter, dem Honig, und dem Vanillezucker langsam unter

Rühren in einem Topf bei mittlerer Hitze erwärmen, bis sich alles gut miteinander vermischt hat. Als nächstes kurz aufkochen und bei reduzierter Hitze 15 Minuten ruhig vor sich hin köcheln lassen. Nun sollte sich die Mischung goldbraun verfärbt haben. Wenn die Masse blasen wirft und zähflüssig geworden ist, den Topf vom Herd ziehen und etwas herunter kühlen lassen.

Die warme Mixtur nun in die Auflaufform gießen, glatt streichen und weiter abkühlen lassen. Wenn die Masse eine dünne feste Haut gebildet hat, das Fleur de Sel aufstreuen und vollständig auskühlen lassen. Die Form für 45 Minuten in den Kühlschrank stellen. Dann den Karamell mit Hilfe des eingelegten Backpapiers aus der Form heben. Nun kann das harte Karamell mit einem scharfen, eingeölten Messer in mundgerechte Bonbons geschnitten werden.

Schokoladenmousse

Für 2 Personen

Zutaten

150g dunkle Schokolade (mind. 70% Kakaoanteil)
80ml Wasser
Fleur de Sel

Zubereitung

Zunächst eine große Schüssel mit Eiswürfeln füllen, etwas kaltes Wasser hinzugeben und eine Handvoll Salz. Diese dient als Eisbad für eine etwas kleine Schüssel, die wir nun dort hinein stellen.

Die dunkle Schokolade zusammen mit den 80ml Wasser in einem Topf auf dem Herd bei mittlerer Hitze unter ständigem Rühren schmelzen. Nach ca. 5 Minuten sollte eine glatte Masse entstanden sein. Diese sofort in die kleine Schüssel im Eisbad geben und weitere 5 Minuten kräftig mit einem Schneebesen einrühren. Langsam sollte die Schokolade wieder dickflüssiger werden, dennoch schaumig. Wenn die Masse die Konsistenz einer Mousse angenommen hat, in Schalen abfüllen und mit dem Fleur de Sel betreut servieren.

Brownies mit Walnüssen und Karamell

Für eine Springform 20x20cm

Zutaten

110g Walnüsse
200g dunkle Schokolade
40g Butter
2 Eier
160g Zucker
80g Mehl
2EL Wasser
1 Prise Chili
2 Prisen Fleur de Sel

Zubereitung

100g Zucker zusammen mit dem Wasser in einem Topf bei mittlerer Hitze langsam schmelzen sodass ein goldbrauner Karamell entsteht. Zwischendurch immer wieder umrühren. Nun die Walnüsse, das Chilipulver und das Fleur de Sel hinzufügen, gut vermischen und auf ein Backpapier zum auskühlen giessen. Danach in grobe Stücke brechen.

Den Ofen auf 180Grad Ober/Unterhitze vorheizen.

Jetzt die Schokolade grob zerkleinern und zusammen mit der Butter über einem heißen Wasserbad schmelzen.
Die Eier mit dem restlichen Zucker schaumig schlagen und der Schokoladenbutter beimischen. Nun das Mehl und das Walnuss-Karamell beigeben und gut vermischen. Dann eine mit Backpapier ausgelegte Springform mit dem Teig füllen und für 20 Minuten backen.- Anschließend vorsichtig herauslösen und auskühlen lassen, dann in quadratische Kuchenstücke schneiden.

TOMATEN-KRÄUTERSALZ

Für 1 Portion

Zutaten

150g Fleur de Sel

20g Basilikum (getrocknet)

5g Knoblauch (getrocknet)

10g Estragon (getrocknet)

10g Rosmarin (getrocknet)

5g roter Paprika (getrocknet)

Zubereitung

Mische alle Zutaten getrocknet und zer-
kleinert zusammen und fülle sie in einen
geschlossenen Behälter ab. Mit diesem
Kräutersalz kannst du Tomatengerichte,
wie eine Tomate-Mozarella-Basilikum-
Kombi, einen leichten Tomatenteller oder
einen Tomatensalat gehörig aufpeppen.

ROTWEINSALZ

Für 1 Portion

<u>Zutaten</u>

200g Fleur de Sel oder grobes Meersalz
50ml Rotwein deiner Wahl

<u>Zubereitung</u>

Fülle das Salz in eine kleine Auflaufform
und begieße es mit soviel Wein, wie das
Salz aufnehmen kann. Dann die Form in
den Backofen stellen und bei 80 Grad Ober-
/Unterhitze ca.2 Stunden trocknen lassen.
Immer mal wieder durchmischen. Die Back-
ofentür dabei nicht ganz geschlossen halten, damit die Feuchtigkeit entweichen
kann. Du kannst ein Küchentuch oder einen Holzlöffel dazwischen klemmen.

Dieses Rotweinsalz passt sehr gut zu
Fleischgerichten, wie Rindersteak und ist

auch optisch sehr ansprechend, somit eine tolle Geschenkidee.

Himalaya Salz

Wurst-Chili mit Kaffee

Für 2 Personen

<u>Zutaten</u>

1 Dose Kidneybohnen

1/2 Dose Mais

300g Bratwurst

120g Bauchspeck

3 Knoblauchzehen

1 TL Tomatenmark

1 Tasse Espresso

100ml Rotwein

1 Dose stückige Tomaten

1/2 TL Suppengewürz

1-2 EL Kakao

1/2 TL Kreuzkümmel

1/2 TL Zimt

1/2 TL Koriander

1/2 TL Oregano

1/2 TL Himalayasalz

1 Prise Chili

Zubereitung

Die Bratwurst und den Bauchspeck in Stückchen schneiden. Zuerst in einem großen Topf den Speck anbraten, dann die Bratwurst hinzufügen und mitrösten. Die restlichen Zutaten unter Rühren nach und nach hinzufügen und 25 Minuten bei kleiner Hitze im geschlossenen Topf köcheln lassen. Nun die abgetropften Bohnen und den Mais dazu geben, weitere 5 Minuten erwärmen und erneut abschmecken.

Das Gericht schmeckt aufgewärmt oder nach mehreren Stunden ziehen am Besten.

Zu diesem Chili mit Schoko-Kaffeesoße isst man Baguette oder Chiabatta.

Mehr Rezepte mit Kaffee finden Sie in dem kleinen Kaffee -Buch unseres Autorenteams Melanie Koßmann und Yürgen Oster.

Capt. Swings Geheime Bibliothek

Risotto mit Parmaschinken
und getrockneten Tomaten

Für 2 Personen

Zutaten

200g Arborio Reis

3-4 getrocknete Tomaten

40g Parmaschinken

100ml trockener Weißwein

450ml Rinderbrühe

1 Schalotte

50g Parmesan

1EL Butter

1EL Olivenöl

1 Msp Safran

1/2TL Himalaya Salz

1/2TL schwarzer Pfeffer

Zubereitung

Die Butter mit dem Öl in einem Topf zerlassen. Dann die Schalotte schälen, würfeln und für 3 Minuten glasig andünsten. Währenddessen die Rinderbrühe erhitzen. Nun den Arborio Reis mit den Safranfäden zu der Schalotte hinzufügen und kurz anrösten. Jetzt den Reis mit Weißwein ablöschen und danach etwas kochende Brühe dazu gießen. Immer wieder umrühren und wenn der Reis die Flüssigkeit aufgenommen hat, erneut mit Brühe angiessen. Die Tomaten in Streifen schneiden und nach 15 Minuten hinzufügen. Abschließend den in Streifen geschnittenen Parmaschinken und den geriebenen Parmesan einrühren und weitere 3 Minuten kochen lassen. Nochmals abschmecken, auf Tellern anrichten und mit Parmesan bestreut servieren.

Risotto mit grünem Spargel und Räucherlachs

Für 2 Personen

<u>Zutaten</u>

300g Risotto-Reis
100g Räucherlachs
10 grüne Spargelstangen
10 Kirschtomaten
1 kleine Zucchini
1 kleine Zwiebel
2EL Tomatenmark
2 EL Olivenöl
ca. 500ml Gemüsebrühe
Salz
Pfeffer
Paprikapulver
Petersilie

Zubereitung

Zunächst die Zwiebel schälen und in kleine Würfel schneiden. Dann den Spargel putzen, die Enden abschneiden und in Stücke schneiden. Ebenso die Zucchini schälen zusammen mit den Tomaten in Stücke schneiden. Nun das Öl in der Pfanne erhitzen und die Zwiebeln darin glasig schmoren. Dann den Reis und eine Tasse Wasser zu den Zwiebeln geben. Etwas einkochen lassen, dann das Gemüse und das Tomatenmark hinzufügen. Danach erneut mit Wasser angiessen und köcheln lassen, bis der Reis die Flüssigkeit aufgenommen hat. Anschließend immer wieder etwas Brühe hinzufügen und einkochen lassen, bis der Risotto Reis fertig gekocht ist. Den geräucherten Lachs kurz vor dem Ende der Garzeit des Reis dazu geben und erwärmen. Mit Salz, Pfeffer und Paprikapulver abschmecken.

Dann das Risotto auf Tellern anrichten und mit etwas Petersilie garnieren.

KAPUZINERKRESSESALZ

Für 1 Portion

Zutaten

100g Himalayasalz
12 Kapuzinerkresseblüten

Zubereitung

Kapuzinerkresse abpflücken und evtl. von kleinen Käfern befreien. Dann mit dem Salz in einem Mixer grob zerkleinern. Das feuchte Salz auf ein mit Backpapier belegtes Backblech bei 40Grad für 1,5 Stunden trocknen. Einen Holzlöffel oder ein Küchentuch in die Backofentüre klemmen, damit die Feuchtigkeit entweichen kann. Um ein feineres Ergebnis zu erzielen, erneut im Mixer zerkleinern und ein weiteres Mal für 15 Minuten zum Trocknen in den Ofen geben. Danach in ein Schraubglas einfüllen und verschliessen. Dieses Salz schmeckt gut im Salat, auf Bruschetta oder auch auf einem einfachen Butterbrot.

HIMBEERSALZ

Für 1 Portion

Zutaten

100g Himalaya Salz
15g Himbeeren

Zubereitung

Die Himbeeren durch ein Haarsieb streichen.
Dann mit dem Salz vermischen und 45 min
ziehen lassen. Danach im vorgeheizten Backofen auf einem mit Backpapier belegten Backblech bei 80Grad ca. 30 Minuten trocknen. Anschließend aus dem Ofen nehmen und etwas
zerbröseln. Ich mag es, wenn das Himbeersalz
relativ grob ist. Wer es lieber feiner mag, kann
es im Mixer zerkleinern. Nun nochmals für 15
Minuten in den Ofen geben und weiter trocknen lassen. Abschließend auskühlen lassen
und in ein Schraubglas abfüllen. Sieht phan-
tastisch aus und schmeckt herrlich säuerlich-
fruchtig.

SALZ IM HAUSHALT

ENTFERNUNG VON ROTWEIN- UND FETTFLECKEN

Diesen Trick kennt mittelweise fast jeder: mit Salz frische Rotwein-Flecken entfernen.

Das Kleidungsstück an der verschmutzten Stelle mit etwas Wasser benetzen und anschließend mit einem Schwamm vorsichtig abtupfen, nicht reiben. Dann das Salz auf den Fleck streuen und 10 Minuten einwirken lassen. Sobald sich das Salz vollgesaugt hat und eine rötliche Färbung annimmt, vorsichtig abbürsten. Bitte nicht einreiben, denn Salz kann eine scheuernde Wirkung haben und manche Textilien, Teppiche oder Wohnzimmermöbel könnten empfindlich reagieren. Das behandelte Kleidungsstück dann wie gewohnt in der Waschmaschine waschen. Fettflecken können ebenfalls auf diese Weise mit Salz entfernt werden.

Verfärbungen in Geschirr mit Salz lösen

Wenn sich Rückstände von Teein oder Koffein in Tassen oder Kannen gebildet haben, können diese leicht mit Salz entfernt werden. Einfach etwas Salz in das verschmutzte Gefäß geben und für ein paar Stunden einwirken lassen. Danach mit einer Bürste kräftig abschrubben.

Verfärbtes Holz zur natürlichen Farbe verhelfen

Auf verfärbte Holzbretter Salz aufstreuen und mit etwas Zitrone verreiben. Anschließend mit klarem Wasser abspülen.

Kalkentferner

Verkalkte Küchen-oder Badezimmerarmaturen können mit Salz und Zitronensaft eingerieben werden. Nach einer kurzen

Einwirkzeit wieder abspülen und polieren. Wasserhähne, Duschköpfe, Zahnputzbecher und Co. können ebenfalls für einige Zeit in Salzwasser eingelegt werden, um sie zu entkalken.

METALL ZU GLANZ VERHELFEN

Wenn Metall stumpf und glanzlos geworden ist, kann man dies mit einer Mischung aus Salz, Mehl und Essig einreiben und eine Stunde einwirken lassen. Danach den Messing oder Kupfer sorgfältig reinigen und polieren.

SILBER REINIGEN

Dazu legt man ein Stück Alufolie in eine Schüssel und füllt diese mit warmem Salzwasser. Nun den angelaufenen Silberschmuck hineingeben und eine Weile ziehen lassen. Danach gründlich trockenreiben. Diese Methode funktioniert auch bei Silberbesteck.

ANGEBRANNTES LÖSEN

Angebrannte Auflaufformen, Töpfe oder Pfannen können mit Salz und Wasser einige Stunden eingeweicht werden. Danach lassen sie sich problemlos abspülen.

HÄNDE SÄUBERN NACH DEM GEMÜSE-SCHNEIDEN

Beim Verarbeiten von Roter Beete, Beeren oder anderen roten Früchten kann es zu Verfärbungen an den Händen kommen. Da hilft eine Mischung aus Salz mit Essig. Gleichzeitig entfernt diese auch unangenehme Gerüche von Zwiebeln oder Knoblauch. Einfach die Hände gründlich damit abreiben und danach erneut waschen.

KÄSE HALTBAR MACHEN

Salz ist ein natürliches Konservierungsmittel. Darum empfiehlt es sich gekauften
Käse in ein mit Salzwasser getauchtes Lei-
nentuch zur Aufbewahrung einzuwickeln.

BÜGELEISEN REINIGEN

Wenn der Boden des Bügeleisens ver-
schmutzt ist, etwas Salz auf ein Backpapier streuen und mit dem heißen Bügelei-
sen sanft darüber gleiten, um Kratzer zu
vermeiden. Eine andere Möglichkeit ist eine
Mischung aus einem Teelöffel Essig und
einem halben Teelöffel Salz herzustellen
und den Boden des Bügeleisens damit ein-
zureiben. Danach einwirken lassen und
dann abwaschen.

Spülmaschinen entkalken

Spülmaschinensalz regeneriert den Ionentauscher der Maschine. Es verhindert, dass sich Kalkrückstände auf Gläsern oder Besteck ablagern. Die Dosierung des Salzes sollte der örtlichen Wasserhärte angepasst werden.

Salz bei Schimmelbildung

Da Salz Feuchtigkeit aufnimmt eignet es sich um Schimmel vorzubeugen, darum in Feuchträumen einfach eine Schüssel Salz aufstellen. Duschvorhänge die besonders schnell zur Schimmelbildung neigen, können für eine Stunde in Salzwasser eingeweicht werden.

Ameisen-Stopp

Wer im Sommer Probleme mit Ameisen im Haus hat, sollte es einmal mit einem Ab-

wehrmittel wie Salz versuchen. Auf die
Ameisenstrasse, in Ecken oder Ritzen et-
was Salz streuen und ihnen somit den
Zugang erschweren.

UNKRAUTVERNICHTUNGSMITTEL

Streusalz in der Unkrautvernichtung ist
umstritten und grundsätzlich nicht mehr
erlaubt, denn bereits in geringer Konzen-
tration wirkt es in Pflanzen als Gift, welches sie langsam absterben lässt. Das Salz
dringt in den Boden ein, wird von den
Wurzeln aufgenommen und tötet die
Pflanze ab. Auch schädigt Streusalz
Kleinstlebewesen und Bakterien.

Der Umwelt zu Liebe sollte darum darauf
verzichtet werden.

Im privaten Bereich auf unversiegelten Flä-
chen wird es dennoch vielfach angewendet,
indem 5% Salz dem Gießwasser beige-
mischt werden, um die Unkrautpflanze
damit zu besprühen.

Salz in der Kosmetik

Körperpeeling Mandelöl + Meersalz

Vermische Mandelöl im Verhältnis 2:1 mit feinem Meersalz.

Anstelle von Mandelöl kannst du auch Avocadoöl, Kokosöl oder Olivenöl verwenden. Achte darauf das es eine angenehme Konsistenz hat, nicht zu ölig, nicht zu körnig. Dann reibe den Körper mit dem Peeling einige Minuten sanft ab. Du kannst auch ein paar Tropfen Aromaöl nach deinem Geschmack hinzufügen, um ein sinnliches Dufterlebnis dabei zu erfahren.

Die Haut ist danach gepflegt und zart.

Lippenpeeling Salz + Olivenöl

Mische 2 TL Olivenöl mit einem TL Salz. Reibe das Peeling sanft auf die Lippen und spüle es mit danach mit Wasser ab.

Wenn du einen Frischekick hinzufügen möchtest, kannst du dem Peeling noch einen Tropfen Pfefferminzöl hinzufügen.

Belebender Badezusatz

100g Totes Meer Salz
5 Tropfen ätherisches Rosmarinöl
5 Tropfen ätherisches Blutorangenöl
1 TL Natron
1 TL Olivenöl

Die Hälfte des Meersalzes in einem Mörser fein mahlen. Dann mit dem groben Salz vermischen. Anschließend das Rosmarinöl und das Olivenöl hinzufügen, gut vermischen und über Nacht stehen lassen, damit das Öl in das Salz einziehen kann. Willst du das Badesalz verschenken, kannst du

dekorativ noch etwas geriebene Orangen-
schale hinzugeben.

Dieses Badesalz wirkt anregend und sein
Duft nach Orangen und Rosmarin lässt
dich vom Süden und vergangenen Urlau-
ben träumen.

Die Kosmetik-Tipps sind dem Buch
„Kosmetik selbst gemacht" entnommen.
Capt. Swings Geheime Bibliothek

Medizinischer Nutzen von Salz

Der Mensch benötigt täglich 6g Kochsalz für wichtige Körperfunktionen wie Muskel- und Nervenfunktion, sowie für den Knochenstoffwechsel. Salz reguliert ebenfalls den Wasserhaushalt. Salz kann nur über die Nahrung zugeführt werden, da der Körper es nicht selbst produziert. Darum ist es auch wichtig bei Durchfall, Erbrechen, Fieber oder starkem Schwitzen auf die benötigte Salzzufuhr zu achten.

Nasenspülung

Eine Nasenspülung kann auch mit natürlichem Kochsalz hergestellt werden. Dazu löst man 4g Salz in einem halben Liter warmen Wasser auf. Diese Salzwassermischung wird dann in eine Nasendusche gefüllt, welche in allen Apotheken erhältlich ist. Nun wird das Gerät an einem Nasenloch angesetzt während das andere verschlossen wird. Den Kopf leicht neigen, den Mund öffnen und die Lösung laufen lassen. Die Flüssigkeit kann jetzt über das andere Nasenloch wieder ablaufen. Wer sehr empfindliche Nasenschleimhäute besitzt, sollte zu vorproportionierter iostonischer Kochsalzlösung aus der Apotheke greifen.

Salzinhalation

Einen Liter Wasser kochen und 10g Salz beimischen. Dann in eine große Schüssel füllen und mit einem Handtuch über dem Kopf über die Schüssel beugen. Nun langsam und tief 10 Minuten inhalieren. Diese salzige Luft reinigt die Atemwege und hilft gereizten Schleimhäuten bei der Regeneration.

Salzwasser gurgeln bei Halsentzündungen

In einem Glas lauwarmen Wasser einen Teelöffel Salz auflösen und damit gurgeln. Das Salzwasser läßt die Schleimhäute abschwellen und wirkt entzündungshemmend sowie desinfizierend.

Medizinisches Badesalz

Salz aus dem Toten Meer wird im warmen Badewasser gelöst, um unter anderem die Krankheitssymptome der Neurodermitis, und Psoriasis zu lindern. Beschwerden wie Juckreiz lassen nach, die Haut heilt schneller ab. Ein medizinisches Salzbad dient ebenfalls der Entspannung und wirkt sich so auch positiv auf die Gelenke aus, wird daher auch bei Rheuma eingesetzt. Das Salzbad fördert gleichzeitig die Ausscheidung von Schadstoffen und hilft bei der Entgiftung.

STREUSALZ

Streusalz oder auch Auftausalz oder Tausalz genannt, besteht aus 94%-98% aus Kochsalz und kann im Winter zum Schmelzen von Schnee sowie bei Eisglätte eingesetzt werden. Dieses ist in der Regel eine städtische Maßnahme des Winterdienstes um Unfallgefahren im Strassenverkehr vorzubeugen. Steusalz fällt nicht unter die Salzsteuer und wird darum vergällt. Das heißt es wurde so verändert, dass es nicht mehr zum menschlichen Verzehr geeignet ist.

Die private Verwendung von Salz um die Gehwege aufzutauen ist in vielen Gemeinden verboten.

Da das Salz mit dem Schmelzwasser in den Boden gelangt, kann es Fauna und Flora erheblich schädigen. Tiere die damit in Berührung kommen, können Hautreizungen und Vergiftungserscheinungen durch

das Ablecken der entzündeten Hautstellen
davontragen.

Wer die Umwelt schonen will, sollte statt-
dessen salzfreie Granulate, Sand oder Kies
streuen.

Melanie Koßmann
Yürgen Oster

KAFFEE

Capt. Swings
Geheime Bibliothek

„Eine gute Tasse Kaffee" Heute kommt sie auf Knopfdruck
aus einem Automaten und jede Tasse schmeckt gleich.
Wieviel Arbeit hinter der Herstellung steckt; warum es
besser ist, für weniger Geld als ein Kapsel kostet, exklusi-
ven Kaffee zu trinken und wie unterschiedlich Kaffee be-
reitet werden kann; das alles erfahren Sie in dem kleinen
Buch unseres Autorenteams Melanie Koßmann und Yürgen Oster.

Paperback 128 Seiten 12.- €
ISBN 9 783756 838738

Kosmetik - selbst gemacht
Es gibt viele gute Gründe, Kosmetik selbst zu machen.

Paperback 140 Seiten 9,95 €
ISBN 9 783755 716587

Altes Brot
Man kann alte Brotreste in Vorspeisen, Hauptgerichten, Beilagen sowie Desserts hervorragend weiter verwerten.

Paperback 110 Seiten 9,95 €
ISBN 9 783755 700920

Das kleine Bruschetta-Buch
Es gibt unzählige Variationsmöglichkeiten, von einfach bis extravagant, von traditionell bis zu Gourmet-Crostinis.

Paperback 96 Seiten 9,95 €
ISBN 9 783755 701279

Liköre - selbst gemacht
Selbst gemachter Likör ist immer ein wundervolles Geschenk aus der Küche, welches von Herzen kommt!

Paperback 88 Seiten 8,95 €
ISBN 9 783755 715504

Märchen aus aller Welt
Band 1 Asien
20 außergewöhnliche Märchen von Japan bis in die Türkei
Paperback 108 Seiten 9,95 €
ISBN 9 783755 748977

Latein für Alle
Wozu Latein? Nun, um sich wichtig zu tun? Oder Wichtigtuer zu verstehen.
Paperback 70 Seiten 7,95 €
ISBN 9783755700265

Kürbis
Die 50 besten Rezepte
Mit Kürbis kann man fast alles machen.
Paperback 120 Seiten 9,95 €
ISBN 9783756822508

Die kleine Natron und Backpulver Fibel

Paperback 72 Seiten 8,50 €
ISBN 9783756218158

Das unmögliche Ausmalbuch
100 geometrische Figuren, die dich in
den Wahnsinn treiben

Paperback 110 Seiten 9,95 €
ISBN 9 783755 736875

**Die 50 besten
Streichholz Rätsel**
Gut gegen Langeweile

Paperback 78 Seiten 8,95 €
ISBN 9 783755 780618

**Yi Jing Das chinesische Weis-
heits- und Orakelbuch**
Über 3000 Jahre gesammeltes
Wissen.
Paperback 88 Seiten 9,95 €
ISBN 9 783755 716594

**Achtsamkeit
30 Methoden Dein Leben zu
verbessern**
Paperback 78 Seiten 8,95 €
ISBN 9783755761617

Das LSD Tattoo

und andere urbane Legenden
die zu schön sind, um wahr zu
sein.

Paperback 72 Seiten 7,95 €
ISBN 9783755710998

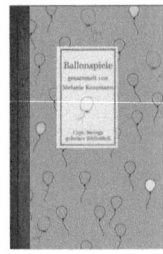

Ballonspiele

Du kennst mich schlaff, du kennst
mich rund, ich mache alle Feste bun-
t.Jetzt hol tief Luft und pust´ mich
auf, denn spielen kannst du mit mir
auch!

Paperback 72 Seiten 7,95 €
ISBN 9783755716587

…und das ist erst der Anfang.

An einem geheimen Ort
lagert ein Schatz von Büchern. In einem Labyrinth ver-
worrener Gänge, über mehrere Stockwerke verteilt, ruhen
Bände über Bände, voller Staub und dem Wissen der
Menschheit. Niemand kann sagen, was uns als nächstes
begegnet.
Denn eines ist sicher: Eine Ordnung gibt es nicht.

Folge uns auf:
www.captswing.jimdofree.com

 captswings

 captswings

 @CaptSwings

Capt. Swings
Geheime Bibliothek